colheita

colheita

Fernando Armando Ribeiro

LETRAMENTO

EDITOR:
Gustavo Abreu

REVISÃO:
LiteraturaBr Editorial

CAPA, PROJETO GRÁFICO E DIAGRAMAÇÃO:
Luís Otávio Ferreira

FOTO DA CAPA:
Fernando Armando Ribeiro

Referência para citação:
RIBEIRO, F.A. *Colheita*. Belo Horizonte (MG): Letramento, 2017.

Dados Internacionais de Catalogação na Publicação (CIP)
Bibliotecária Juliana Farias Motta CRB7/5880

R484c Ribeiro, Fernando Armando
Colheita / Fernando Armando Ribeiro. -- Belo Horizonte, MG :
Letramento, 2017.
96 p.: .; 21 cm.

ISBN: 978-85-95300-09-5

1. Poesia brasileira. I. Título.

CDD B869.1

Grupo Editorial Letramento

Belo Horizonte – MG
Rua Cláudio Manoel, 713
Funcionários
CEP 30140-100
Fone 31 3327-5771
contato@editoraletramento.com.br
www.editoraletramento.com.br

À memória de Carlos Drummond de
Andrade, poeta sempre presente.

A Luciana Ribeiro, minha Lulu, musa e
primeira leitora de tantos desses poemas.

E tudo é uma parte do diverso
cristal desta memória, o universo
Jorge Luis Borges (*Everness*)

Prefácio

A poesia vigorosa e mansa de
Fernando Armando Ribeiro

No panorama da poesia brasileira contemporânea, Minas Gerais se destaca pelas contribuições fundamentais de Adélia Prado, Yeda Prates Bernis, Geraldo Carneiro e Sebastião Nunes, e pelo reconhecimento, mais recente, dos potentes talentos de Ana Martins Marques, Ana Elisa Ribeiro e Sérgio Alcides. Ao lado deles, Fernando Armando Ribeiro figura como autor original e criativo, assim constituído, em boa medida, graças à sua trajetória singular.

O autor de 'Colheita' exerce sua prolífica atividade profissional nas áreas da filosofia, do direito, da magistratura e da docência. A exigir vultosos investimentos de tempo e inteligência daqueles que se aventuram, corajosamente, por seus caminhos, cada uma delas conduz a um modo de estar no mundo e de olhar para as coisas. Se o filósofo registra e acolhe a inquietação diante da existência, formulando perguntas, o jurista investiga e sistematiza as possibilidades que se abrem à organização social e política, vitória da civilização sobre a barbárie. O juiz, por sua vez, implementa a lógica do direito sobre os conflitos, enquanto o professor partilha a sua visão da realidade e os seus conhecimentos, na esperança de transmitir, para as futuras gerações, o legado da cultura em que se encontra imerso.

Com sagacidade, Fernando Armando Ribeiro beneficia-se dessa rara condição de intelectual múltiplo para ir além. E o faz porque não se ilude. Porque percebe e aceita a limitação imposta pelo pensamento racional aos produtos da reflexão científica e filosófica, pálidas amostras do que o ser humano pode alcançar se comparadas ao que proporciona o mergulho na produção poética. O poeta intui e vislumbra o mistério. O autor de 'Colheita' sabe disso.

Nas páginas que seguem, o leitor verá que o plantio de Fernando foi longo e meticuloso. Começou na escolha dos temas, prosseguiu pela seleção das palavras e culminou na sua combinação, unindo o vigor à mansidão. O resultado forma conjunto convincente, que revela o sensível e rigoroso artesão da forma e expõe o eu lírico comovido pela grandeza e pelas belezas do universo, de que é poeira estelar.

Na abordagem da relação entre o homem e a natureza, o poeta rende-se aos oceanos profundos, ao deserto no meio do qual nasce a rosa, à pedra de onde brota a fonte, ao rio da vida. Está circundado pela imensidão, pela infinitude do espaço, pela magnitude da luz. Aí, é livre. O céu também é o seu lugar.

Quando focaliza o fazer poético, o eu lírico admite: a poesia que o atinge é a que tece espanto em seu olhar. Assim, ele chega à essência da palavra que sonha, ao jeito novo de dizer o belo. Valente, também fala das chagas da poesia, libertárias e libertadoras, bálsamo poderoso à dor de sofrer. Encarnado em seu destino, aceita que escrever é seu caminho, seu universo, sua utopia. É quimera real, verdade e magia, harmonia que toca o peito, para além das horas. Afinal, poemas vão, poemas vêm, poemas são.

Se reflete sobre o tempo, confessa que, dele, só sabe mesmo pelo instante que há. O tempo é mundo, mudo, fundo, tudo, vida, morte... Expressando-se sobre o espaço em que vive, enxerga o mar em Minas, o mais belo e o mais grandioso.

Inspirado por Clarice Lispector, compõe o seu 'Felicidade Clandestina'; motivado pela 'Eterna Primavera', de Rodin (que também merece 'A Danaíde'), o poeta escreve sobre o beijo e o abraço. Em diálogo com a tradição dos hai-kais, que comoveu artistas do porte de Millor Fernandes, Paulo Leminsky e Olga Savary, amplia o horizonte estético de suas realizações poéticas, que, tenho certeza, ainda serão muitas.

Que o leitor usufrua dessa colheita com prazer. À sua espera, há frutos maduros, de sulcos transbordantes, prontos para fazê-lo calar, no silêncio profundo do gozo, da alegria vicejante, da paz.

Rogério Faria Tavares –
Da Academia Mineira de Letras

Acorda poesia

Acorda poesia,
acorda alegria.
Vá ver do mundo
o que ainda restou.

Para além da maldade,
devastação, euforia.
Para além da seca
um rio de vida brotou.

Brotou mesmo da pedra
talhada pela palavra.
Pois o verbo, no deserto,
de tanta secura ecoou.

Transpôs mares e mundos,
estrelas celestes,
oceanos profundos.
Viajando noite e dia,
a força de tudo herdou.

Quando bateu, pois, na pedra,
não era batida singela.
Era quase o verbo divino,
que pleno de vida soou:
Acorda poesia!
Desvele alegria!
E ali,
no meio do deserto,
uma rosa nasceu da areia,
da pedra uma fonte brotou.

Eclipse

Eclipsados ficaram a pressa, o barulho e o medo.
A cidade parou para olhar o céu
e viu a lua banhada
de Terra
de sol
de nós
ali refletidos mesmo sem notar.

Percebemos, um pouco,
a imensidão que nos circunda
a infinitude do espaço
a magnitude da luz.

Livres, por um instante,
das prisões de nossa rotina,
do queixume e da arrogância,
sentimos que somos poeira estelar.

A sombra sobre a lua iluminou nossas faces,
elevou-nos de nossas certezas,
mostrou que o céu
é também nosso lugar.

A grande oferta

Do sumo extrato das coisas
um êxtase indizível se fez.
O imenso barco pesqueiro carreia morte,
mas o mar, maior,
vida em abundância nos traz.

Se toda natureza canta,
e nossos ouvidos
são tão pequenos,
pra quê tanto ruído?

Fala e cala,
escuta e observa.
Pois o sumo extrato das coisas
sempre se oferece
ao não-eu.

Transformação

A gota virou gruta,
firmamento virou chão.
Deserto se fez mar,
o frio trouxe verão.

Primavera ao longe surgiu,
e a criança sorriu feliz.
O grito virou sangue,
seiva que nutre a raiz.

Poesia

(A Geraldo Holanda Cavalcanti)

Essência da palavra
que sonha,
lâmina da linguagem,
magia.

Jeito novo de dizer
o belo,
regurgitar da verdade,
eis a poesia.

Colheita

É tempo de colheita.
De colher os frutos maduros
do cais
do amor
do desdém.
Do porém que insiste em nunca
deixar concretizar
a vida verdadeira de que nos falaram.

Mas agora, sim, é tempo.
Nada, ninguém poderá impedir
que essa fruta madura se colha
e seu sulco transbordante nos cale,
no silêncio profundo do gozo,
da alegria vicejante,
da paz.

Dias

Há dias tão bons e perfeitos
que é difícil aceitar que passem.
Perguntamos, em vão,
por que o tempo não congela,
ou não nos congelamos nele,
sorvendo os segundos até a última gota.

São dias de alegria e luz,
em que as parcas tristezas
(certamente presentes),
transcorrem fugazes pelo céu (qual nuvens),
apenas para lembrar que a felicidade é maior
e, de fato, o nosso destino.

Nesses dias, acordamos de novo
para o mistério da vida,
em que o mar e o sol serão sempre
extasiantes maravilhas,
permanentemente postas
para serem descobertas.

Contemplação

O sino da igreja bate,
relógio gira,
catedral.

Uma prece por todos
que guardam,
viva nos olhos,
contemplação.

Amor sem véu

Pelo tempo vivo o mundo.
No meu peito está o céu.
Em seus olhos, céu e mundo,
num segundo,
amor sem véu.

Retorno à infância

Vejo-as brincarem agora
as quatro crianças no jardim.
Nenhuma idade as difere
pela alegria e vitalidade dos gestos.
São todos, sim, crianças,
e é vão o julgamento dos olhos
de que a apenas três delas a tenra idade toca.

Ali o septuagenário encontra
miraculoso retorno à infância.
À aurora dos dias compartilhados
ao sabor do mistério.
Em que as manhãs se abriam
com a promessa de eternidade,
a grama irregular era o maior dos estádios,
e a velha bola em disputa,
a síntese, pulsante e palpável,
do universo.

Chagas da poesia

As chagas da poesia,
libertárias,
libertadoras,
são bálsamo poderoso
à dor de sofrer.

O sangue que ali brota
é fonte,
seiva boa
que nutre o viver.

Chagas que nos abrem
à luz,
à vida.
Ao mistério
terno,
da palavra
que é ser.

Palavra que sonha

Esqueceu de sonhar?
Acorda.
Despertar já não pode?
Encanta-te.
Não mais sente o mistério?
Segue o amor sincero.

Lavra a palavra,
jamais perdida,
e mesmo nunca adormecida,
poderá sempre
fazer-te sonhar.

Crepúsculo

A uma tarde que cai
eu digo: nada.
Que poderia eu dizer?
Clamar que fique ou passe,
que nos deixe ou que disfarce,
fingindo passar sem partir?

Queria de fato dizer,
não me cabe.
Queria mesmo poder
mas não posso.

A luz que agora me toca,
É o bem maior de que me aproximo,
do qual me aproprio,
sem ter.

Vestígios

Da dor ficou o poema,
do amor, uma canção.
Do sonho ficou imagem,
do mar, embarcação.

Das festas restou lembrança,
Da viagem, foto, flor,
desbotada em meio ao livro,
desta história que passou.

Desapressado

Porque sei que é absurdo
perderes a vida em vão,
digo-te logo esta frase,
que te pegará de supetão.

Não te impliques com teu sono,
folha, papel, documento,
pois no fundo tudo é lamento,
choro intrépido ou congestão.

Não te irrites com tanta irritação
dos que creem ter o dia,
mas de dia sonham noite,
em que não dormem sua melancolia.

Não te apresses o passo apertado
porque o tempo insiste em passar.
Pois se corres, olhar o relógio
será o único gesto a animar.

Então nada terás,
e tudo passará mesmo assim.
Mas no fundo os minutos são longos
se observas que o tempo é sem fim.

Alimento

Trezentos quilos de sal são necessários
para alimentar uma vaca,
não, porém, meu coração.

Brisa de mar,
sol de primavera,
olhar de um cão.
Intangíveis alimentos
desse insólito cardápio.

Como é difícil encontrar
um *chef du cuisine* para o meu coração!

Armadura

Um botão
Dois botões
Três botões
Quatro botões
Cinco botões
Seis botões
Sete botões

Eis a armadura com que me preparo,
qual cavaleiro medieval,
para a batalha de mais um dia.
Poderei, eu mesmo, sobreviver a ela?

Encontro

Sou aquele
que diz na distância:
Tu és!

Que diante do espelho
indaga-se,
quem?

Alguém que se esquiva
aos próprios olhos,
sempre à procura.

Encontro que parte de mim ao eu,
para então
retornar.

Dialético

Caminha por trilhas estreitas
em busca de amplos horizontes.
Ama banhar-se na arrebentação das ondas
sonhando com águas calmas.
Um ser do silêncio e da paz,
da vibração do som à procura.
Alguém que, amando viver sozinho,
anseia sempre compartilhar seus dias.

Escrever

(A Luiz Antonio de Assis Brasil)

Escrever é meu caminho,
meu universo,
minha utopia.

Escrever é quimera real,
essência de mim,
verdade e magia.

Harmonia que toca em meu peito,
para além das horas,
luz e poesia.

Felicidade Clandestina

(À memória de Clarice Lispector)

A felicidade é mesmo clandestina,
só vem a reboque,
sem a face mostrar.

Querer retê-la
é saltar sobre nuvens,
alcançar o horizonte,
dar pontos no ar.

Fugidia, evasiva,
é preciso calma,
silêncio,
saber contemplar.

Seu tempo é agora,
seu caminho,
– tão simples –
é ser, sempre,
onde se está.

“Eterna Primavera” de Rodin

No beijo dissolve-se o tempo,
estações não passam
e o inverno não chega.
Sim, há frio.
Mas no abraço é sempre primavera,
sol radiante que nunca se põe.

Cessa a palavra e só os gestos falam.
Na fugacidade do beijo
é eterna primavera,
amor que floresce nos corpos.

Flâmula

Há uma flâmula acesa em cada homem
que nos remete a ser quem somos,
viver o que queremos
sonhar o que amamos.

Há um vasto manto de pó
que recobre nossas verdades.
Se esquecermos sua mensagem,
a luz nos perpassa,
e arrasta.

Fluxo do peito

em meio às sombras
eu sinto
meu coração a pulsar

isso me basta
e pressinto
que tudo está a mudar

Desejo

Do gosto doce
salivou-se,
e na saliva
azul se fez.
Sorriso abriu-se
como nuvem.
Num segundo,
o mar profundo,
meu horizonte
fez e refez.

Ofício

Hoje sou um homem do ofício.
De ofícios
escritos, enviados, recebidos,
jamais, porém, sem resposta,
embora esse seja o real desejo
que tantas vezes vem bater à porta,
de meu indisciplinado,
desburocratizado
coração.

Grito

Quem, se eu gritasse,
me ouviria?
Esse grito que ecoa
em mim?

Em som que ultrapassa
medidas,
engana os ouvidos
que ao silêncio julgam
ruim.

Quem, se eu gritasse,
me ouviria?
Como sabê-lo existir?

A resposta
seria um eco,
dessa verdade
que ressoa
em mim.

Quase *hai-kais*

a pena acontece
adormece
torna a acontecer de novo

*

meu nome dado à velha ponte
ali estou, mas não me vejo
é preciso atravessar!

*

pele de cobra encontrada
velha morada deixada pra traz
vida nova segue seu caminho

mesa posta e cheirosa
criança postada na janela
olhos vidrados de sabor

*

galho de palmeira cai
apalpo surpreso meus olhos
acolhida estrondosa do chão

*

lua a refletir
nas águas do lago
soberbos pincéis da natureza

*

velha caderneta perdida
poemas esquecidos
tesouro que morre em mim

A "Danaíde" de Rodin

Contorcida sobre o próprio dorso
clamava aos céus olhando o chão.
Agarrava a cabeça num ato
de pura e insana escuridão.

Tentava achar razões,
não podia.
Que ato terrível cometeu.
Seus rastros acompanhariam toda vida,
mas não haveria mais vida,
não haveria mais nada.
Só um pranto, um gesto,
um sonho...
ou seria um pesadelo?

Sabe apenas que sonhara
com isso por tanto tempo.
A morte, sim,
a morte para o amor,
matando em si mesma o desejo de viver.

Fim das águas

Águas fenecem,
natureza emudece.
Crescem os *gigas*, *bytes*,
clouds.

Num mundo de performances e números,
sonhos se tornam consumo,
viver: estatística, produção.

Florestas tombam,
toda Terra grita.
Ensurdeceram os ouvidos pela ambição?
Pensam crescer, mas só os desertos crescem.
Dizem progredir, mas só a aridez progride.

No planeta sem águas e sem vida
a essência humana tomba esquecida.
Quem poderá irrigar a Terra
se até nossas lágrimas secarão?

Hilda

Livre de convenções e estorvos
teço versos que dizem de ti.
De teu jeito esguio, impávido,
teu olhar candente
a sorrir.

Que sorri mesmo quando chora,
ou quando hoje,
vendo-te apenas na memória,
choro eu por não mais contigo sorrir.

Lembro tuas mãos
hábeis e fortes
decotando novelos,
entrecruzando agulhas.
E das linhas às teclas
o som de um piano,
que ressoa intermitente em mim.

No instante da oração
ao fim do dia,
a visão de tuas mãos
aponta unidade,
eternidade,
yang e yin.

Instante

Instante
pulsante,
olho e já se passou.

Traça no tempo
caminho,
terá também
destino?

Nesse ritmo
andante,
em compasso
constante

Só sei mesmo
do tempo,
pelo instante
que há.

Natureza

A nudez da planta
faz singela a roupa,
que a arrogância humana
sonha vestir.

Esse arco-íris,
por sobre as montanhas,
é o que Van Gohg
buscou traduzir.

O mar de Minas

O mar de Minas é o mais belo,
se esconde nas montanhas,
só alcança o olhar.
O mar de Minas é o mais grandioso,
se engana quem pensa que em Minas não há.

Inútil recorrer a mapas ou cartografia,
ciência não há que o demonstraria.
Mas o mar de Minas é o mais belo
é preciso senti-lo,
não é possível provar.

Para além das distâncias,
para além da utopia,
o mar das Gerais não tem maresia,
mas sonhos e cores
que só os mares podem formar.

De águas verdes ou cristalinas,
com ondas quentes ou areia fina,
para todos os gostos
nessas Minas há mar.

Gente de fora raramente percebe,
não se dá conta da fulgurante magia.
Que o mar de Minas se esconde nas montanhas,
só o alcança a mineiridade do olhar.

O mar de Minas é um bocado saudade,
um pouco de nosso desejo de estar,
de levar ao mundo inteiro esta nova:
Minas é banhada por todos os mares.
Aqui se esconde (bem aqui, nessas Minas)
um pouco de todo o universo a habitar.

Pele de cobra

Pele de cobra encontrada.
Quem vê se assusta
pensando, onde estará?
Mas aqui jaz só a parte morta,
a de vida nova
vai longe a rastejar.

Faces

Vejo faces
tempo todo,
tempo que não sei volver.

Umas meigas,
outras amigas.
Mesmo as duras
(esquecidas)
trazem algo de meu ser.

Faces são o sabor da vida,
olhos do mundo
sempre a me ver.

Poemas

Poemas vão
Poemas vêm
Poemas são?

Poemas nascem,
não para ficar.
Fluir é seu curso,
seu ser, transformar.

Conto

(À memória de Jorge Luis Borges)

Sou só um conto
que conta,
a trajetória
de quem sou.

Sou só um conto
que diz,
do que passou
e não passou.

Somos só conto e memória,
não poderíamos mais ser.
Para que do tempo a história
algo pudesse reter.

Sou só um conto
que canta,
pro meu coração
esquecer.

Tempo mundo

Tempo mundo
Tempo mudo,
Tempo fundo
Tempo tudo,
Tempo vida
Tempo morte,
Tempo esgota
Tempo esvai,
Tempo sente
Não consente
Nunca mente
Vem e vai...

Minha poesia

A poesia que me atinge
é a do verso que não fiz,
da palavra que não escrevi,
do canto que não compus.

A poesia que me atinge
é o que me falta.
O que desterra,
desassossega,
tece espanto em meu olhar.

A poesia que me fala
é a que não revela,
mas desvela,
e no silêncio oculta
imensidão de sentidos a calar.

A poesia que me atinge é
menos que poesia,
arte ou sonho.
É estrofe de vida,
voz nua das ruas,
metafísica do espaço
contida em cada esquina do tempo,
que me traz
sua luz de escuridão,
seu gesto de alento,
seu conforto.

Navio

Perdido na imensidão do oceano
faço-me cônscio de minha pequenez
– e de minha grandeza.
Pois sou, também lá,
onde não estou.

Quixote

Cavaleiro andante
disperso pela estrada.
Quantos sonhos lúcidos
vem-lhe a trafegar...

À razão hipócrita
declara guerra.
Por amor sincero,
com versos de um louco,
vaza a armadura
e põe o peito a sangrar.

Em seu caminho,
vive a vida por inteiro.
O sonho de errante cavaleiro
é seu destino e lugar.

Das coisas simples
faz grandes.
As que se creem nobres
mostram-se singelas.

Aos olhos encantados
do poeta-cavaleiro,
o mundo é sonho,
as coisas tangíveis,
distorção do olhar.

Renascer

A cândida hora da tarde
diz-me sem pudor e sem carinho:

Renasça!

E ao nascer do sol
a mesma canção me toca.

Renasçamos todos
pois que o tempo esvai e não muda.

Assim renasço hoje,
amanhã e ontem também.
Com o sabor primaveril
de quem cumpre sua missão.

Renascer é destino do mundo,
milagre profundo,
compromisso do ser.

Confluência

O encontro se deu
entre rio e pedras,
céu e nuvens,
mar e ar.

Entre utopia e poesia,
jazz e agonia,
um acorde se fez
em harmônica dissonância.

Tão rica melodia
ressoa nos olhos
de quem sorri sem pensar.

Tarde

A tarde cai,
e com ela
os despojos do dia.

O que se fez e disse,
o que se calou e viveu.
Resíduos prontos da história,
quimera das horas
que morreu.

Nela vai contida a memória,
de nós, de vós,
do meu eu.

Ideologias

ideologias
distopias
ilusões

verde musgo
no musgo eu caio
distorções

Transfiguração

Palavras ditas, pensadas, feitas.
Mas aquelas versadas,
versei sem pensar.

Pois não há pensamento,
pensar é lamento,
é o choro do tempo dizendo o que não há.

Versar é trazer, para além das horas,
o mistério do tempo
sob a forma do olhar.

A multiplicação das almas

Ao levantar, pés no chão, sentir o mundo.
Talhar no pão horizonte profundo.
No amanhecer ver, de fato,
o dia nascer.

Dos sons escutar sentidos.
Aos gritos da rua, olvido,
pro bom dia deixar
florescer.

No olhar do outro,
poema.
Na fuligem do trânsito,
barema,
pra seguir e encontrar
destino.

Em corredores e salas,
caminho.
Para fugir das horas,
no tempo fazer ninho.

Aconchego distante
e possível
aos que alma têm.

Retorno

Só um momento,
fugaz instante
de júbilo ou comiseração.

Alguns segundos
na história do mundo,
que para nós,
eternidade são.

Só um momento,
um instante.
Cerro os olhos,
parece eterno.

Terno é o gesto,
todo o universo.
A cada palavra,
retorno.

Ao piano

(À memória de Bill Evans)

Olhos cerrados,
mãos de leveza firme.
O tronco se curva
como quem ora.

Na carícia das teclas
a afeição dos amantes.
Talento e entrega convergem
ao brilho do som.

Maturidade

Já fingi viver a vida
cheio de tarefas
e missões.
Hoje simplesmente vivo
sem lamúrias
nem ilusões.

Technovida

Expresso rápido
twitter,
delivery express.
Buzinas,
sirenes,
pressa a falar.
A mensagem que traz
não importa,
se de vida ou se de morte,
será a mais possante
e rrrrrrrráaapida
ponto
fim.

Uma rosa

Rosa feita do milho
na areia da praia,
encomenda de amor.

Perfeição que revela
a beleza azul do instante.
Mas as mãos do artista denunciam fome,
seus olhos,
alucinação.

Invisíveis espinhos
que à rosa fabricada,
sofregamente
se incorporarão.

Stand up!

Águas se movem,
olhar se mantém.
Remadas tranquilas,
ondas num vai e vem.

Natureza é poesia,
se caio: mergulho, emoção.
Stand up!
De pé sobre as águas,
o equilíbrio é minha paixão.

Flor do mato

A flor do mato
ruidosamente cresce.
Mas surdos, sóbrios,
inebriados de cidade,
não percebemos
o miraculoso estrondo.

Poesia salva

Se a poesia salva
o verso obriga,
abrir o peito
deixar navegar.

Aqui e agora,
sentimentos.
Na vida vivendo,
no coração
se encontrar.

O rosto sem face

Aquele era sim o seu rosto, não porém sua face. Não saberia explicar o paradoxo não fosse o álibi inquestionável da ciência. Mas ela estava ali, prostrada, e, diante do espelho, a busca pela identidade só encontrava sossego pelo conhecido e atordoado olhar. Não, não haveria perguntas. O silêncio era a única possível manifestação humana em face de tão grandioso mistério. O chamado do outro tardaria, e o seu próprio chamado não se faria mais cedo.

– Alguém me reconhecerá? Terei de contar e recontar minha história, de mergulhar mais uma vez em todas as dores, alegrias e amores para descobrir a mim mesma uma vez mais em meu ser. Não, isso não é justo. Não é possível, crível... não é... nada! Nada! Que estranho sentido esta palavra agora adquire. Jamais pensei que nada pudesse significar tanto. Causar tanto pânico, transtorno... e conforto. Nada. O que seria? Quem seria? Nada sou eu?

Sem memória, sem história, sem espelho! Sem o olhar do outro que refletisse o seu próprio a lhe mostrar o que se reconhece – e é bem verdade, o que se desconhece, se recusa e se nega também.

De repente, uma forte batida na porta faz cessar todo o monólogo existencial.

– São os fotógrafos da revista! Estão esperando lá embaixo, a empregada lhe grita do corredor. Ela então mais uma vez fecha os olhos, num rito quase-fúnebre de quem se prepara para morrer. Para morrer como o ser que um dia fora, e que pelas mãos habilidosas do cirurgião passou a dar lugar àquele espectro humano de rosto escultural. A partir dali não haveria mais espelhos, apenas câmeras e *flashes* a registrar o belíssimo rosto cuja face consistia em ser nada.

Ganho

No sentido
do perdido,
toda ilusão
ou perda está.

Tudo mais
é puro ganho,
graça infinita,
luz de antanho.

Abra os ouvidos
deixe entrar.

Música

Ah! sortílega força de um dia.
Que podemos nós
se não ousarmos?
Quando ouviremos
as canções que entoa
da alvorada ao crepúsculo?
Que emanam de uma flor em germinação
e das formigas em trilha pela relva?

Quando ouvirmos tais seres
soarão bizarras todas as sinfonias,
ou serão talvez um complemento saudoso.
Memória tardia e distante
a resgatar-nos
à sonoridade primeva,
que rege o mugido do gado,
o zumbido de abelhas,
o compasso harmônico dos corpos estelares.
Sentido possível da eternidade que se mostra:
movimento sonoro, de energia,
e luz.

Entreposto

Entrevi
entreaberta,
entre compartimentos distintos
uma porta.

Entrepus-me
para abri-la,
entretanto,
já aberta,
entreteve meu gesto,
que entrevado
não foi.

Entre o medo de reter-me
encontrei modos de entrar-me,
e pela entrecompartimentada,
intrépida porta, adentrei.

Agora vista
por entremeios distintos
era um convite a entremear-nos.
Entrelace entre dois mundos,
entrevero.
Onde entreluzia,
entrelinhas,
a luz oblíqua
da entremanhã.

Depois do sol

(À memória de João Cabral de Melo Neto)

Depois do sol
passamos
morremos
nos curvamos,
sem verdade,
brio ou véu.

Depois do sol
a nuvem,
fuligem de ventos,
mansuetude.
Saudade fica
na noite que vem.

Depois do sol
tempestade,
silêncio opaco,
ansiedade.
Soletro a vida
sem vertigem,
deixando o tempo
devorar entranhas.

Noite

Cai a noite
fria e calma,
esforço longo
a silenciar a alma,
nudez vazia
sem corpo ou véu.

Cai a noite
a entorpecer quem fomos,
a dissolver no peito
recordações e planos,
que agora parecem
longe de mim.

A fenda crispada
dessa hora fria
jorra em meu ser
sua intrepidez sem cores.
– És tu que vem agora, digo.
Também hás de passar.

‘A máquina do mundo’

A máquina do mundo vence,
e todos nos fazemos tristes
destituídos de nossa humana condição.

A máquina do mundo arrasta,
e os poucos sobreviventes
são simulacros da própria ambição.

A máquina do mundo impera,
em seu reino nos tornamos servos,
grilhões vivos da escravidão.

A máquina do mundo segue.
Um sonho (ou poeta)
poderá vir que nos redima?

Querência

Te quero encontrar,
encontro.
Amanhecer te quero,
amanheço.
Amo-te sempre,
mesmo no tropeço,
ainda que haja tanto por fazer.

Assim é que faço,
refaço,
e o sonho se esmera
num abraço,
jeito simples de dizer
o te querer.

Bruxa

Hoje ao amanhecer
matei uma bruxa.
Foi sem intenção ou dolo.
Esmaguei-a
tentando proteger-me,
ou talvez protegê-la de mim.

Que desastre!
Querendo salvá-la,
matei-a.
E assim, também ela,
não me pôde salvar.

Comigo

Trago comigo um sentido
evanescente e sensível,
que desconstrói e transforma
meu mundo ao redor.

Trago comigo esse olhar,
que admira
sem que entenda.
E se espanta como uma criança
diante do sapo que salta e chia.

Trago comigo essa dor,
essa alegria e saudade,
que tempero sempre ao meu gosto,
mas nunca certo de minha vontade.

Trago comigo esses sons,
esse fervor, essa febre.
Desejo de viver o amor
na infinitude
de uma vida breve.

Confessionário dos Jerônimos

(inspirado na foto homônima de Henri-Cartier Bresson)

Confesso
E te peço
Sem remorso
Meu perdão.

Confesso
Mas espero
Que seu sim
Seja não.

Pois te trago
O descalabro
Meu pecado
À audição.

Gullar

Gato comendo pêra
é espanto?
Ou quadro,
possível
do improvável,
inventado.

Poeta amado
que da vida
fez seu hino,
da invenção,
destino,
da coragem,
razão pra partir.

Magro, íntegro,
apaixonado.
Versos sujos
que limpam a alma,
acendendo lamparinas
em meio a escuridões.

Veritas

Investigando metodicamente a verdade
percebi que se escondia.
Vasculhando as formas do mundo
fez-se frágil e partiu.

Mas distraído,
contando estrelas,
senti que ao meu lado
nasceu.

Stóa

Na esquina móvel do tempo
esconde-se um instante
que não passa.

Nele se perfaz e contempla
nossa constante tentativa
de suspender as horas.

Por trás da foto desbotada,
do vestido rasgado,
do vaso antigo,
há um resíduo
de memória opaca,
que toca a essência da vida.

Seus lampejos
nos despertam
e calam.

Tempo

Percebo agora meu tempo,
tempo esvai diante de mim.
O tempo passa
não há lamento,
tudo são tempos se o tempo é assim.

Assim eu vejo tudo agora,
sem o jugo do tempo
todo tempo é sem fim.

Lá de fora me chegam sons e ruídos,
cantigas de pássaros,
automóveis, botim.

O tempo então já não vejo
pois todo o tempo reflui.
Tenho só o presente da hora,
instante que o tempo conclui.

Tempo que logo é passado,
Tempo sou,
Tempo fui.

Vira lata

Cachorro velho
caminha na praia.
Para onde vai?
O que quer?

Parece tranquilo,
ou seria cansado?
Resignado?
Entendedor final
do mistério de viver.

O portal da vida
parece-lhe aberto.
A opção de adentrá-lo,
recorrente como as ondas.

Ele cheira, sente, olha.
O portal está aberto,
mas há também,
logo ali em frente,
mais um pedaço de pão.

Na praia

(A Antonio Carlos Secchin)

Queria compor
verso na areia,
pelas ondas e o vento
lapidado.
Úmido,
pleno e singelo.
Imagem fugaz
do eterno,
improvável e finita
perfeição.

Sumário

Grupo
Editorial
LETRAMENTO